Hannelore Hau
Was ich zu erzählen habe

Hannelore Hau

Was ich zu erzählen habe

3. Auflage 2023

Mit Zeichnungen von
Klemens (8 Jahre)
Kristian (6 Jahre)
Isabel (4 Jahre)

edition fischer
im
R. G. Fischer Verlag

Bibliografische Information der Deutschen Nationalbibliothek

Die Deutsche Nationalbibliothek verzeichnet diese Publikation in der Deutschen Nationalbibliografie; detaillierte bibliografische Daten sind im Internet über http://dnb.d-nb.de abrufbar.

3. Auflage 2023
© 2004 by R.G.Fischer Verlag
Orber Str. 30, D-60386 Frankfurt/Main
Alle Rechte vorbehalten
Zeichnungen: Klemens, Kristian und Isabel Panzer
Schriftart: Palatino 13°
Herstellung: ef/bf
ISBN 978-3-8301-9482-8

Für meine Enkelkinder

Inhaltsverzeichnis

Vielen Dank 9

Hoch, hoch, hoch, … 11

Wenn der weiße Flieder … 13

Unerschütterlich 16

Eselsbrücke? 18

Rundes Glück 20

Ein bisschen viel 22

Rentenstress 24

Interessante Frage 25

Ohne Namen geht es nicht 27

Gut, wenn man Leute kennt 28

Scha(r)fe Sache 30

Schneller Entscheid 31

Sitzt da doch einer drin? 33

Rund ist gesund 34

Eine unvergessliche Einladung 36

Leinen los 38

Nackt 40

Musik live 41

Abgestellt 42

Großvaters Fritz 46

Guten Appetit 54

Bankgeheimnis 56

Himmlischer Frieden 58

Der Fischreiher 61

Geheimnisvoller Paternoster 64

In Fürsorge eingebettet 65

Auf Befehl 68

Ein gemeiner Überfall 70

Ein tolles Geschenk 72

Glück und Menschenfreundlichkeit 74

Vielen Dank

Florian ging mit seiner Mutter zum Einkaufen. Er war vier Jahre alt und ein aufgewecktes Kerlchen. Manchmal schon sehr aufgeweckt, deshalb hatte ihm seine Mutter eingeschärft, ja nicht zu betteln und sich für Geschenke ordentlich zu bedanken.

Im Geschäft verlief alles wie immer. Florian verhielt sich mustergültig und lauschte artig und aufmerksam dem kurzen Verkaufsgespräch. Seine Mutter bezahlte und dann verließen sie den Laden. An der Tür drehte sich Florian um und sagte laut und deutlich:»Auf Wiedersehen. Und vielen Dank für die Wurst.«

Die Inhaberin und auch die Mutter liefen rot an, und die Leute im Geschäft schmunzelten. Die Geschäftsfrau eilte hinter der Theke hervor und gab Florian eine Scheibe Wurst, wie er sie jedes Mal bekommen hatte.»Entschuldige bitte«, murmelte sie. Florians Mutter schüttelte nur den Kopf. Sie war sprachlos.

Florian aber ging an seiner Wurst kauend zufrieden von dannen. Schließlich hatte er ja wirklich nicht gebettelt.

Hoch, hoch, hoch, …

Florian ging gern in den Kindergarten, besonders wenn ein Kind Geburtstag hatte. Dann wurde gesungen und die Kinder warfen die Arme in die Luft und riefen: »Er lebe hoch, hoch, hoch.« Und das so oft, wie alt das Geburtstagskind war.

Ich hatte zu meinem Geburtstag Torten bestellt und kam morgens in das Cafe, um sie abzuholen. Florian kam mit seiner Mutter hinter der Theke hervor und sang für mich »Happy birthday«. Dann riss er die Arme hoch und rief jedes Mal dabei: »Sie lebe hoch, hoch, hoch.« Bei Nummer fünf hielt er inne und schaute mich prüfend an: »Wie alt bist du eigentlich?«

Die Gäste, die der Zeremonie amüsiert zugeschaut hatten, lachten herzlich und warteten gespannt auf meine Antwort.

»Lieber Florian, da müsstest du noch sehr oft die Arme hochwerfen, ich glaube nicht, dass du schon so weit zählen kannst.«

Für mich war es die tollste Geburtstagsgratulation des Tages.

Wenn der weiße Flieder …

Freunde von uns haben einen sehr großen Balkon zum Garten hin. Der erste Blick fällt auf zwei wunderschöne Fliederbäume in weiß und lila, die dem Hausherrn sehr viel Freude machen und sein ganzer Stolz sind.

Im letzten Herbst hatte die Hausfrau diese prächtigen Fliederbäume stark gestutzt und so weit zurückgeschnitten, dass sie im Frühjahr zwar viele Blätter bekamen, aber keine Blüten ansetzten.

Oft stand der Hausherr nun mürrisch auf dem Balkon und starrte auf seine Lieblinge: »Wir haben die Fliederbäume mit den schönsten Blättern in ganz Frankfurt und Umgebung, aber keine Blüten. Was hast du nur gemacht? Warum hast du die Äste nur so rigoros zurückgeschnitten? So etwas kann es doch gar nicht geben.«

Mit der Zeit wurde die Litanei unerträglich und die Frau sann auf Abhilfe. Und dann hatte sie auch die Idee.

Sie kaufte im Blumenladen zehn Zweige weißen Flieder und ebenso viele in lila. Dann eilte sie heim und band die Zweige an die so arg gestutzten Äste. Sie machte das sehr geschickt, und als sie ihr Werk vollendet hatte, strahlten die beiden Bäume in voller Blütenpracht.

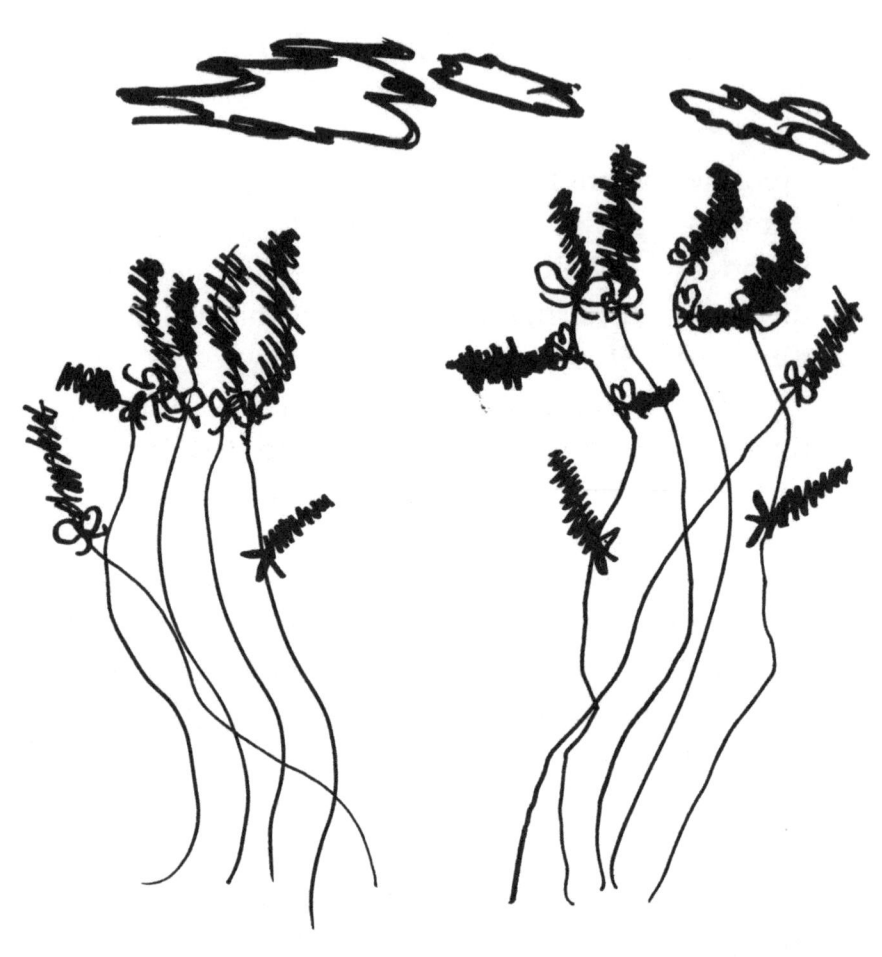

14

Anschließend setzte sie sich mit ihrem Fotoapparat auf den Balkon und wartete auf ihren Mann.

Die Wohnungstür wurde aufgeschlossen. Ihr Mann trat ein und strebte sofort zu der weit geöffneten Balkontür.»Hallo, Schatz, da bin i….«»Klick«, machte der Fotoapparat.

So ein Bild schießt man nicht alle Tage.

Unerschütterlich

Auf einer Reise hatte ich an einem Marktstand zwei kleine handbemalte Wachsfiguren gefunden, die ich kaufte, um sie einer guten Freundin zu Weihnachten zu schenken. Der Händler packte sie zusammen in ein weiches Papier, damit sie nicht zerkratzt würden. Im Hotel legte ich das Päckchen zuoberst in den Koffer und dachte nicht mehr weiter daran.

Erst zu Hause beim Auspacken des Koffers erinnerte ich mich wieder und nahm das Päckchen behutsam heraus. Merkwürdig. So leicht waren die Figürchen doch gar nicht gewesen. Ich wickelte das Päckchen aus, leer. Das konnte doch wohl nicht wahr sein. Aber es war wahr und nicht mehr zu ändern. Ich würde mir wohl ein anderes Geschenk einfallen lassen müssen. Schade. Ich räumte die Reiseutensilien weiter aus und fühlte plötzlich einen Knubbel in einer Bluse, die ich auf der Reise nicht angezogen hatte. Beim genaueren Nachsehen fand ich die beiden Ausreißer friedlich vereint beieinander. Sie waren trotz aller Erschütterungen unbeschädigt geblieben und hatten sich auch nicht getrennt.

Eselsbrücke?

Wir waren bei Freunden zu Gast.
Sohn und Schwiegertochter mit dem fünfjährigen Julian wurden erwartet. Die Familie war im Auto unterwegs und der Vater schärfte seinem Sohn ein: »Bei Oma und Opa sind heute Herr und Frau Hau zu Gast. Bitte begrüße sie ordentlich.« Julian nickte.

Kurz vor dem Ziel fragte der Vater noch einmal nach: »Wie heißen die Leute, die du ordentlich begrüßen sollst?«

Da tönte es forsch und spontan von Julian: »Familie Klopf!«

Rundes Glück

Es war Fastnachtsonntag am Vormittag. Herrchen ging mit seinem kleinen Dackel Benny in Frankfurts Innenstadt spazieren. Als sie an einem Café vorbei kamen, wurden gerade große Plastikkörbe mit Kreppeln (anderswo auch Berliner oder Krapfen genannt) hineingetragen.

Plötzlich löste sich ein Kreppel und fiel dem Dackel direkt auf die Nase und rollte auf die Straße. Ein kurzes Zucken, dann ein Satz und schwapp, hielt Benny den Kreppel im Maul. Der Puderzucker stob ihm um die Schnauze.

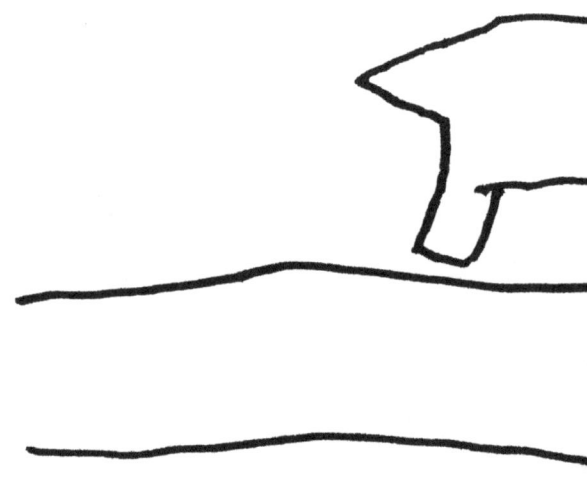

Mit weißem Bart und gierigen Augen gab er zu verstehen: Wage sich einer und nehme mir den Kreppel weg! Und ratz-fatz hatte er ihn auch schon verschlungen.

Alle Umstehenden mussten herzhaft lachen, und der Lieferant wollte sofort noch einen Kreppel »springen lassen«. Aber das gestattete Herrchen nicht.

Sicher konnte der Dackel sein Herrchen nicht verstehen. Aber so ist das nun mal in einem Hundeleben.

Ein bisschen viel

Wir waren von unseren Freunden für ein paar Sommertage nach Köln eingeladen. Wir wurden bestens betreut und verpflegt, bekamen die Stadt gezeigt und verbrachten schöne und fröhliche Stunden.
Beim Schlendern durch die Stadt kamen wir auch zum Stammhaus eines berühmten und bekannten Wassers. Im Eingangsbereich sprudelte über einem dekorativen Stein eben dieses Wasser. Es roch herrlich frisch und kühl in diesem Raum.
Nachdem wir einige Dinge erstanden hatten, kühlten wir unsere Hände an dem angenehm duftenden Wasser.
Wir waren schon am Hinausgehen, als meine Freundin hinzu kam und Gesicht, Hände und Arme erfrischte. Am liebsten hätte sie wohl darin gebadet.
Verlieren konnten wir sie jetzt nicht mehr. Im Umkreis von etlichen Metern duftete es jetzt um sie herum nach echt Kölnisch Wasser.

Rentenstress

In der neuen Poststelle am Roßmarkt stellte ich mich am Schalter an, um Briefmarken zu kaufen. Die Schlange vor mir war beträchtlich und ich hatte Muße, meine Mitmenschen zu beobachten. Vorne am Postschalter wurde zuerst immer mit dem Beamten getuschelt und dann der Wunsch vorgetragen. Langsam rückte ich näher, aber den Grund für das Getuschel konnte ich nicht erkennen. Und dann war ich auch schon am Schalter. Rechts von mir sah ich ein Markstück liegen. »Hier liegt ein Markstück.«

»Ich weiß, ich weiß, das sagen mir alle. Die Mark ist festgeklebt und soll Reklame für die Rente sein. Jeder sagt mir das!«
Ein abgrundtiefer Seufzer folgte, und dann meinte der Beamte trotzig: »Aber sie bleibt da kleben!«
Mit meinen Briefmarken und um eine Erfahrung reicher machte ich mich von dannen.

Interessante Frage

Ich hatte eine Lesung in der 3. Klasse einer Grundschule in Karben.

Zuerst erzähle ich den Kindern, wie ich zum Schreiben kam und zeige ihnen meine Bücher.

Danach können sie Fragen stellen und später lese ich ihnen vor.

So war es auch an diesem Tag.

Ich hatte meine zehn Bücher vor mir aufgestapelt
und beantwortete die verschiedensten Fragen.
Als die Fragerei allmählich abebbte und ich zum
Vorlesen übergehen wollte, meldete sich noch ein
Junge:
»Haben Sie denn alle diese zehn Bücher schon
gelesen?«

Ohne Namen geht es nicht

Meine Freundin Elke geht mit ihren Enkelkindern auf den Spielplatz. Die vierjährige Larissa läuft dort herum und erzählt allen: »Ich heiße Larissa und mein Bruder heißt Phillip.«
Eine nette ältere Dame fragt sie: »Und wie heißt deine Omi?«
»Meine Omi heißt Omi«, antwortet Larissa.
Die Dame erklärt ihr, dass jeder Mensch einen eigenen Namen habe, so auch ihre Omi.
Larissa rennt zu ihrer Omi und fragt sie.
»Ich heiße Elke«, erfährt sie.
Larissa staunt und rennt zu der Dame zurück, um aufgeregt zu verkünden: »Meine Elke heißt Omi!«

Gut, wenn man Leute kennt

Bei einer meiner Lesungen in einer Grundschulklasse erzählte ich auch von der Frankfurter Buchmesse. Die Kinder hörten aufmerksam zu. Als ich nach der Veranstaltung die Klasse verlassen wollte, hielt mich ein kleiner Junge zurück. Er wollte bitte noch etwas sagen:
»Ich habe auch eine Bekannte auf der Frankfurter Buchmesse. Sie heißt Frau Brenster.«
Ich überlegte. Vielleicht eine Autorin, oder eine Verlegerin, oder eine Lektorin? Der Name sagte mir nichts, und ich fragte nach: »Bei welchem Verlag ist sie denn?«
Er antwortete: »Sie ist Brezelverkäuferin und auf jeder Buchmesse dabei.«
Ich freute mich mit ihm, denn es ist schön, auf der Messe jemanden zu kennen.

Scha(r)fe Sache

Kathrin übernachtet öfters bei ihrer Oma. Sie genießt es, Gast zu sein und sich verwöhnen zu lassen. Oma deckt immer den Tisch so schön und kocht auch ihre Lieblingsgerichte.
So saßen die beiden wieder mal am Abendbrottisch und genossen das Beisammensein.
»Möchtest du vielleicht ein Stückchen Schafskäse?«, fragte Oma die Kathrin. Die hatte einen solchen Käse noch nie gegessen und war neugierig darauf.
Kathrin nickte und Oma legte ihr ein Stückchen auf den Teller.
Vorsichtig wurde versucht und dann begeistert gegessen.
»Jetzt weiß ich auch, warum der Käse Scharfskäse heißt. Er ist ganz schön scharf«, sagte die Kathrin ihrer verblüfften Oma.

Schneller Entscheid

Meine Cousine Christa war bei uns zu Besuch. Sie bat mich, mit ihr in die Stadt zu gehen, um einiges zu besorgen. Unter anderem wollte sie auch Leinenservietten kaufen.

Wir machten einen schönen Stadtbummel und betraten dann das Kaufhaus, das eine sehr schöne Wäscheabteilung hat. Mit der Rolltreppe waren wir auch gleich im richtigen Stockwerk und eine Fülle schöner Tischdecken und Servietten wartete auf uns. Die Verkäuferin war gerade mit einer Dame beschäftigt, die auch Servietten suchte. Viele Muster von ausgesucht schönen Servietten lagen vor ihr, aber sie konnte sich einfach nicht entscheiden.

Meine Cousine und ich schauten jetzt selbst nach Servietten, und wir fanden auch gleich einfache, elegante Servietten, die uns sehr gefielen. Es waren gerade noch sechs Stück da, und wir brachten sie zur Verkäuferin.

Diese wandte sich kurz von ihrer noch immer unentschlossenen Kundin ab, schrieb den Kassenzettel für uns aus und bedankte sich für den Kauf.

Wir gingen zur Kasse und bekamen noch mit, wie sich die Dame letztendlich für eine schlichte, aber elegante Serviette entschied. Unsere!

Zu spät! Wir aber haben die siebte Serviette auch noch gekauft und verließen fröhlich die Stätte des schnellen Kaufes.

Sitzt da doch einer drin?

Gerade von der Urlaubsreise zurückgekommen war die Familie fleißig beim Auspacken der Koffer. Im Eifer des Gefechtes fiel das kleine Kofferradio der beiden Jungen, das auf der Reise gute Dienste geleistet hatte, zu Boden.

»Pass doch auf, du Dummkopf!«, schimpfte der Bruder.

Die Mutter ging dazwischen, um die Gemüter zu beruhigen. »Ach komm«, sagte sie, »es wird schon nicht so schlimm sein, wir schauen mal, ob es noch funktioniert.«

Sie schaltete das Radio an und eine tiefe Stimme sprach: »Machen Sie das ja nicht noch mal!«

Uff! Vor Schreck schaltete die Mutter das Radio wieder aus.

Wie sich etwas später herausstellte, hatte nicht »der Mann im Radio« gesprochen. Vielmehr lief zu dieser Zeit gerade ein Hörspiel, und man hatte die Funktionstüchtigkeit des kleinen Radios genau zum besten Zeitpunkt getestet.

Rund ist gesund

Eine Freundin verbrachte als Kind die Ferien gern bei ihrer Großmutter auf dem Land. Sie war öfter krank und wurde dann von der Oma so richtig aufgepäppelt. Da sie gern aß, was Oma kochte, ergänzten sich die beiden vortrefflich.

Sie hatte einen Klassenkameraden, der auch ihr Spielkamerad war. Die beiden verstanden sich prima.

»Wir sind verlobt«, erzählten sie allen. Sie unterhielten sich über »Romeo und Julia« und wussten beide nicht, um was es in der Geschichte ging. Sie waren froh und glücklich miteinander.

Dann kamen die Osterferien, und es ging für drei Wochen zur Oma.

Reichlich »pfundig« kam sie zurück, nicht nur zum Entsetzen ihres Spielkameraden und Freundes. Aber keiner regte sich so auf wie ihr »Verlobter«.

»Ich liebe dich überhaupt nicht mehr«, schimpfte er auf dem Nachhauseweg von der Schule. »Du bist ja viel zu dick. Dir fehlt nur noch der Busen, dann wärst du eine Frau.«

Das hatte gesessen. Wie der Blitz fuhr meine Freundin herum und schrie: »Und dir fehlen nur noch die Hörner, dann wärst du ein Ochse!«

Sie schrie so laut, dass die Leute stehen blieben und sich amüsierten. Dann rannte sie weg, drehte sich noch einmal um und sah ein sehr erschrockenes Gesicht. Das tat ihrem Ego gut.

Heute sagt sie, dass sie gerne noch einmal so schlagfertig wäre.

Eine unvergessliche Einladung

Zur Spargelzeit waren wir mit einem befreundeten Ehepaar zu Geschäftsfreunden in die Nähe von Freiburg eingeladen. Es sollte ein Abendessen mit »Spargel satt« werden.

Gegen 18 Uhr trafen wir ein und wurden herzlich willkommen geheißen. Eine Führung durch das schöne Haus folgte. Danach wurden im Wohnzimmer edle Schnäpse aus der Gegend gereicht. Inzwischen ging es gegen 20 Uhr und ehrlich gesagt, ich hatte Hunger.

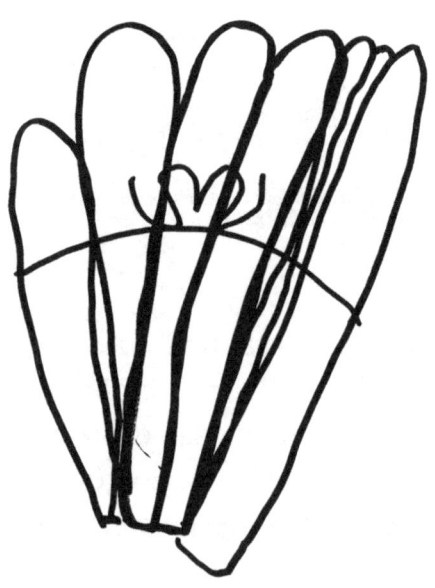

Da – endlich – erhob sich die Hausfrau. »So, dann will ich mal den Spargel und die Kartoffeln schälen und Sie«, dabei deutete sie auf uns zwei Frauen, »können mir dabei helfen.«

Sprachlos trabten wir hinter der Hausfrau in die Küche, wo wir gleich zwei Schürzen verpasst bekamen. Und dann wurde geschält und geputzt, es sollte ja »Spargel satt« werden. Derweil schnitt die Hausfrau Schnittlauch im dunklen Garten und richtete dann die Platte mit Schinken.

Nach getaner Arbeit durften wir wieder ins Wohnzimmer, wo die Herren bereits sehr vergnügt die Schnapsflaschen durchprobiert hatten.

Gegen 22 Uhr wurde zu Tisch gebeten, und ich muss sagen, »unser« Essen war köstlich.

Leinen los

Unseren Urlaub in Irland verbrachten wir auf einem Boot. Wir tuckerten den Shannon hinauf. In der nächsten Schleuse machten wir unser Boot fest und vertraten uns etwas die Beine. Das gleiche hatten auch vier Männer getan, die ebenfalls mit einem Boot unterwegs waren. Wir kamen ins Gespräch und erfuhren, dass es ihr erster Urlaub in Irland, ihre erste Bootstour, ihr erster Urlaubstag und auch ihre erste Schleuse war.

Bei dem Gespräch hatten wir uns etwas von der Schleuse entfernt, nun wurde es Zeit, zurückzukehren.

Doch welcher Anblick bot sich den Vieren. Ihr Boot hing oben am Ufer in der Luft und unten floss das Wasser. Sie hatten die Leinen zu kurz gebunden.

Nach kurzem Schreck, die anderen Bootsfahrer lachten sich schlapp, kappten sie die Leinen mit dem Messer. Das Boot klatschte ins Wasser und die Fahrt konnte fortgesetzt werden.

Zwei Tage später trafen wir die Gruppe an einer anderen Schleuse wieder. Und man kann es kaum glauben, sie brachten es noch einmal! Das Boot frei schwebend in der Luft an zu kurzer Leine, die dann weiter gekürzt werden musste.

Ich bin mir heute noch nicht sicher, ob sie Spaß an ihrer »persönlichen Note« hatten oder ob es tatsächlich Dummheit war.

Nackt

Eine Freundin ist vor Jahren nach Tasmanien ausgewandert. Sie hat inzwischen eine große Familie und etliche Enkelkinder. Besonders oft ist sie mit der kleinen Keeley zusammen, und dann spricht sie deutsch. Das gefällt der Kleinen und sie nimmt gern die deutschen Wörter an. Oma und Kind haben viel Spaß.

Eines Morgens wollte sie Keeley anziehen und sagte: »Komm her, du kleiner Nackedei.« Keeley ließ sich den Ausdruck genau erklären, das Wort gefiel ihr besonders und sie wusste jetzt, dass es soviel wie unbedeckt bedeutet.

Man saß beim Essen und das Kind wurde gefragt, ob es Soße über sein Gemüse haben wolle.

Die Antwort kam prompt: »No, die Karotten bitte Nackedei.«

Musik live

Auch nach dem letzten Weltkrieg gab es in Frankfurt am Main noch die Straßenmusikanten, die in den Hinterhöfen spielten. Einmal die Woche, man wusste an welchem Tag, kamen einer oder zwei dieser Künstler zum Musizieren. Sie wurden schon erwartet. Die Leute öffneten ihre Fenster und lauschten den Liedern. Die Musikanten verbeugten sich und grüßten in die Runde. Nach dem zweiten Musikstück warf man den Spielenden Geldstücke zu, meist in Zeitungspapier eingewickelt. Ein Musikant spielte weiter, während der andere die Münzen einsammelte.

Danach verbeugten sie sich dankend mit der Kappe in der Hand, spielten ein Abschiedslied und zogen grüßend weiter. Die Menschen schlossen ihre Fenster und freuten sich auf ein Wiedersehen. Gemeinsam hatte man für kurze Zeit einem Konzert gelauscht.

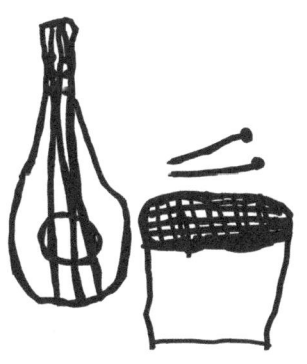

Abgestellt

Meine Familie fuhr immer gemeinsam zu Sylvester ein paar Tage fort. Dieses Mal wollten wir per Bahn zur Insel Rügen. Unsere Reisegruppe bestand aus meinem Mann und mir, meinem jüngeren Sohn mit Frau und ihrem einjährigen Kind Sebastian und meiner Schwägerin. Natürlich hatten wir jede Menge Koffer, Taschen und den Kinderwagen dabei. Für die Fahrt mit dem ICE hatten wir ein Abteil ganz für uns, der Zug war auch nicht sehr voll. In Hamburg sollten wir den Zug am gleichen Bahnsteig wechseln und von dort bis Rügen durchfahren.

Schon weit vor Hamburg machten wir uns bereit, stellten uns mitsamt Gepäck und Kind und Kinderwagen an die Tür und warteten auf die Ankunft. Und die war auch in etwa planmäßig. Unser neuer Zug stand bereits am Gleis gegenüber, die Wagennummer stimmte, und Ruck-Zuck saßen wir auch schon mit allem, was uns gehörte und was wir auf die Reise mitgenommen hatten, im neuen Abteil und schauten auf den Bahnsteig. Ein bisschen eigenartig war das schon. Außer uns stieg keiner ein, und Leute hatten wir im Wagen auch keine gesehen …

Da fuhr der Zug auch schon an.

Mit Schrecken wurde uns klar, dass wir im falschen Zug saßen, schlimmer noch, dass wir auf dem Abstellgleis landen würden. Wir fuhren durch Hamburg; wohin, wussten wir nicht. Wie wir später erfuhren, waren wir eine Station zu früh, nämlich in Hamburg-Harburg ausgestiegen, und wie es der Zufall so wollte, stand am selben Bahnsteig ein geparkter Zug mit genau

unserer Wagennummer. Unser eigentlicher Zug ab Hamburg Hauptbahnhof nach Rügen war inzwischen weg, und der bestellte Gepäckträger hat vergebens auf uns gewartet.

Es war Samstagnachmittag, und wir rollten durch Hamburg. Mein Mann und mein Sohn eilten durch den Zug, ohne Ergebnis, und Sebastian wurde gefüttert. Ich fand die ganze Situation grotesk und hätte gern lauthals losgelacht, aber das hätten meine Mitreisenden sicher nicht so komisch gefunden.

Dann hielt unser Zug. Wir standen zwischen anderen Wagen auf einem Abstellgleis. Mein Sohn hatte inzwischen über Handy um Hilfe gebeten, und mein Mann hatte mit dem Lokführer gesprochen.

Es dauerte auch nicht mehr sehr lange, dann nahten zwei Eisenbahner. Mit einem anderen Zug, zu dem sie uns jetzt bringen wollten, könnten wir in einer Stunde weiter nach Rügen fahren.

Gesagt, getan. Wir schleppten unser Gepäck zur Tür, dann einige akrobatische Übungen die Treppe hinunter, es gab ja keinen Bahnsteig, die Gepäckstücke herausgehievt und dann standen wir im Schotter. Und dann … fing es an zu regnen. Und zu stürmen. Ein Gewitter vom Feinsten mit Donner und Blitz und Hagel prasselte auf uns nieder.

In diesem Unwetter zockelten wir mit Sack und Pack, geführt von den Bahnleuten, über die Gleise zu unserem neuen Zug. Bis auf Sebastian, der vergnügt und geschützt in seinem Kinderwagen saß, waren wir alle klatschnass.

Die Einstiegsprozedur gestaltete sich noch problematischer als das vorherige Aussteigen, aber irgendwie und mit vereinten Kräften schafften wir es dann doch. Im Großraumwagen wurde alles zum Trocknen ausgebreitet und aufgehängt, zum Glück war die Heizung schon angestellt. Draußen wurde der Himmel wieder klar und die Sonne kam heraus. Das Unwetter hatte uns genau im ungünstigsten Moment erwischt.

Die Bahnleute waren sehr nett und kümmerten sich fürsorglich, und nach etwa einer Stunde fuhr der Zug dann auch offiziell und pünktlich Richtung Rügen. Wir hatten trotz der Panne nur zwei Stunden verloren. Langsam wurde alles wieder fröhlich, und ich durfte jetzt auch lachen.

Wir hatten einen wunderschönen Urlaub auf Rügen. Für die Rückfahrt bestellten wir wieder einen Gepäckträger für das Umsteigen in Hamburg. Die Fahrt klappte diesmal bestens, aber der Gepäckträger war nicht am Bahnsteig. Wahrscheinlich hat er gedacht: Ach, die schon wieder, die kommen ja sowieso nicht …

Großvaters Fritz

Ein lieber Freund erzählt aus seiner Jugend.

Eines Tages kam Großvater nach Hause, er traf mich am Toreingang und sagte zu mir:»Schau, Kurt, was ich da habe.« Dabei zog er aus der Rocktasche ein winziges Hündchen, das er soeben gekauft hatte. Er nannte es gleich»Fritz«. Es war schon sehr lebhaft, ich streichelte es und damit begann eigentlich schon unsere Freundschaft. Aber erst trug es Großvater in die Wohnung, es sollte sich noch kräftigen und etwas wachsen. Nach einigen Wochen kam ich dann öfter zu den Großeltern, um mit dem Hündchen zu spielen. – Ich war damals ein Schüler von ungefähr 14 Jahren und wohnte mit meinen Eltern etwa eine halbe Stunde von dem Städtchen entfernt, in dem meine Großeltern als angesehene Bürger – Uhrmacher und Juwelier – lebten.
Es waren Sommerferien und Fritz durfte bereits auf die Gasse laufen und sich mit anderen Hunden tummeln. Das Haus der Großeltern lag diekt am Marktplatz, der rechteckig und sehr lang war und ganz leicht anstieg. Sobald ich von unten kam und pfiff, sauste mir Fritz entgegen und hüpfte freudig erregt an mir empor. Ich zeigte

natürlich auch meine große Freude mit Worten und Streicheln. Diese Begrüßung war immer die gleiche, wenn wir uns trafen. Ja, und dann begannen sofort unsere Ausflüge in die nähere Umgebung des Städtchens, in die Wiesen und Felder. Da konnte sich Fritz auslaufen, wir genossen beide unsere Freiheit. Meinen Rufen und Pfiffen folgte er unverzüglich, da kann ich ihm nur ein sehr gutes Zeugnis ausstellen.

Gerne wählten wir einen Feldrain, an dessen
einer Seite ein Hohlweg hinab ging. Die etwas
steilen Seitenwände waren mit dornigen Hecken
bewachsen, Sanddorn und Heideröschen ver-
strömten ihre Düfte, Bienen und andere Insekten
summten. Wenn wir ausruhen wollten, setzten
wir uns ins Gras. Ruhig sitzen fiel aber Fritz nicht
leicht. Zwar gab es nichts zum Jagen, Hunde
mögen auch keine Mäuse und Vögel. Fritz ver-
folgte zwar die vorbei fliegenden Schmetterlinge
mit interessierten Blicken, aber er hätte sicher
keinen gefressen. Ich hätte ihm sonst gerne einen

gefangen. Da glaubte ich, dass Fritz eine Aufgabe brauche. So verfiel ich auf folgendes: Ich legte mich der Länge nach hin ins Gras und stellte mich schlafend. Zuvor hatte ich jedoch Fritz angewiesen, sich auf meine Brust zu setzen und Wache zu halten. Bereitwillig folgte er. Wenn nach einer Weile im Hohlweg ein Bauer daherkam, machte mich Fritz mit einem kurzen Knurren aufmerksam, dass dies eine Gefahr für mich sein könnte, oder wenn gar ein Fuhrwerk von weitem sich ankündigte. Es war also Verlass auf ihn. Ich wollte Fritz aber auf eine noch schwierigere Probe stellen. Und zwar so: Ich stand auf und schärfte ihm ein, sitzend auf mich zu warten. Gespannt blickte Fritz und mir kam vor, dass ihm etwas bange wurde, was ich nun tun würde. Immer wieder zurufend, ja sitzen zu bleiben, entfernte ich mich und suchte einen Durchlass im Gestrüpp, durch den ich in den Hohlweg hinabsteigen konnte. Unten ging ich so weit zurück, bis ich glaubte, dass Fritz über mir sitzen und warten werde. Hierauf rief ich laut: »Fritz, komm!« Ich hörte, wie er verzweifelt hin und her rannte und Jammerlaute von sich gab, weil das Gestrüpp undurchdringlich war. So gescheit war das Tierchen nicht, den Durchlass, durch den ich herabgestiegen war, zu suchen, es glaubte einfach, es müsse den direkten Weg zu mir wählen.

Sein Gejammer griff mir schließlich ans Herz, ich musste seiner Not ein Ende bereiten und kletterte, so wie ich gekommen war, wieder nach oben. Als wir uns erblickten, fielen wir uns fast weinend vor Glück in die Arme, Fritz konnte gar nicht aufhören vor Freude zu winseln. Die schwere Probe war bestanden. Schließlich traten wir den Heimweg an. Am Marktplatz stießen wir auf einen alten Bekannten, den Bernhardinerhund des Metzgers, ein Tier fast so groß wie ein Kalb. Aber wie alle Bernhardiner war auch Barry – so hieß er – ein gutmütiges Wesen. Er ließ sich von den Kindern viel gefallen, selbst wenn sie mit den Fäusten auf seinen großen Schädel klopften. Fritz aber wollte zeigen, dass er trotz seiner Winzigkeit auch etwas zu leisten imstande sei und kläffte den Riesen an. Barry trat nur einen Schritt zurück und strafte so mit überlegener Ruhe meinen Fritz. Diese Begegnung wiederholte sich fast immer, wenn wir von unseren Ausflügen zurückkehrten. Barry promenierte nur vor den Bürgerhäusern, war also meistens anzutreffen.

Ihr werdet vielleicht fragen, ob Fritz nach so anstrengenden Abenteuern nicht hungrig geworden war und für seine Mühen nicht eine Wurst oder etwas ähnliches verdient habe. Doch er blieb bis zuletzt immer guter Dinge und ließ nicht merken, dass eine Belohnung fällig sei. Und ich – vielleicht haltet ihr mich für geizig und undankbar – ich hatte keinen Pfennig, um ihm etwas zu kaufen, denn in der damaligen Zeit gab es noch kein Taschengeld für Schüler. Auch wusste ich, dass bei den Großeltern die Hauptmahlzeit für Fritz wartete, und er war wie wir dazu erzogen, außer den Mahlzeiten nichts zu essen, schon gar nicht offen am Marktplatz. So war es damals.

In die Sommerferien fiel auch ein Ausflug auf eine Waldwiese voller Blumen in den schönsten Farben. Dort trafen wir die jüngere Mimi R., wie sie in ihrem blumigen Kleid wie eine Glocke im Gras hockte und Blumen für einen Strauß pflückte. Als sie uns sah, rief sie:»Das Fritzl mit dem Kurtl!« – (ich hieß damals schon Kurt). Es war also reiner Spott dieses Mädchens, unverschämt! Mir schwoll die Zornesader und Fritz schaute mich fragend an, was da zu tun sei. Ich dachte aber, dass ein Streit zu riskant sei, denn Fritz würde ganz gewiss auf meiner Seite kämpfend ihr ein Loch ins blumige Kleid reißen. Unsere Mütter waren auch alte Schulfreundinnen, sie kamen öfters zusammen.

So drehten wir ab und handelten nach dem alten Sprichwort: Der Gescheitere gibt nach. Beim Fortgehen rief ich aber doch:»Na warte!«

Nach vielen Jahrzehnten traf ich Mimi wieder.

Sie war mit ihrer Mutter zum Kaffee geladen, alte Erinnerungen wurden ausgetauscht. Da meinte Mimi, der Fritz wäre gescheiter gewesen als ich. Mir schwoll wieder die Zornesader, konnte aber nichts tun, denn sie war vor wenigen Monaten Witwe geworden und trug schwarze Trauerkleidung. Fritz, wenn er noch gelebt hätte, wäre sicher auf meiner Seite gestanden. Ich antwortete nur: »Der Fritz war zwar ein kluges Tierchen, aber zum Besuch der Volksschule hätte es auch bei ihm nicht gereicht, und ich, ich bin schließlich ein Professor geworden, also wer war schon damals der Gescheitere?!«

Im Winter unternahmen wir keine Streifzüge. An Sonntagnachmittagen besuchten meine Eltern und ich die Großeltern. In der gemütlichen Wohnküche mischten sich die Düfte von Kaffee und Wacholder. Meine Großmutter hatte nämlich die Gewohnheit, auf die warme Ofenplatte einige Wacholderbeeren zu streuen. Auf dem Diwan in einer Ecke schlief zusammengerollt Fritz. Ich setzte mich zu ihm und streichelte sein Fell. Gern hätte ich gehabt, dass er wie die Katzen bei gleicher Behandlung wohlig schnurrte. Aber ihr wisst, dass Hunde andere Sitten und Gebräuche haben als Katzen. Als Fritz geruhte, meinetwegen den Schlaf zu unterbrechen, setzte ich ihn auf meinen Schoß. Ich glaubte, ihm etwas Gutes zu tun, wenn ich eine warme Puste auf sein Köpfchen hauchte. Wider Erwarten gefiel ihm dies aber gar nicht, er machte eine heftige Kopfbewegung nach links, nach einigen weiteren Versuchen hörte ich damit auf. Es sollte kein Misston unsere Freundschaft trüben. Aber sonderbar: als ich einmal bei meiner kleinen Schwester Ähnliches versuchte, machte sie missbilligend die gleiche Bewegung. Was wohl die beiden gemeinsam hatten?

Als ich nach dem Abitur das Elternhaus verließ, sahen wir uns nur ganz selten. Ich ließ ihn aber öfters grüßen, wahrscheinlich hat er auch keinen neuen Freund gefunden, der so war wie ich. Eines Tages hörte ich, dass Fritz unter die Räder eines Autos geraten war, er soll sofort tot gewesen sein. In meinen Schmerz mischte sich der Trost, dass er nicht hat leiden müssen. Ich hatte ihn immer, wenn ich von ihm ging, ermahnt: »Gib acht auf dich!« Vielleicht hätte ich es ihm aufschreiben sollen. Was meint ihr?

Guten Appetit

Der Vater meiner Schwiegertochter wurde im Alter von 12 Jahren nach England in eine Familie geschickt, um seine Kenntnisse in der englischen Sprache aufzubessern.

Am Zielbahnhof wurde er von zwei älteren Damen erwartet. Schon im Zug hatte er sich Gedanken gemacht, was er sagen sollte und wie die Begrüßung wohl sein würde. Nun stand Thomas mit klopfendem Herzen vor den beiden Ladies und wurde sehr höflich und formvollendet begrüßt. Dann stieg man in das wartende Auto. Er nahm hinten Platz, und zunächst herrschte erst einmal Schweigen. Was soll ich nur sagen, dachte er.

Da fing plötzlich die eine Dame an zu erzählen: »Wir freuen uns, dass du gekommen bist. Es wird dir sicher bei uns gefallen. Wir haben einen Hund, drei Katzen und sechsundvierzig Kanarienvögel.« Thomas schwieg.

»Magst du Tiere?« wurde er gefragt. Und spontan antwortete er: »Ich esse alles.«

Bankgeheimnis

Im Frankfurter Westend war eine Sparkasse zweimal kurz hintereinander überfallen worden, und die Angelegenheit war Tagesgespräch zwischen den Bürgern.
Auch Florian und seine Familie hatten ein Konto dort.

Eine Woche nach den Überfällen war Florian mit seiner Mutter bei dieser Bank, und der Mitarbeiter am Schalter, der seine langjährige Kundin kannte, erzählte ganz genau den Hergang. Florian war still und hörte aufmerksam zu.

Auf dem Rückweg, sie waren schon fast an der Tür, rannte er noch einmal zum Schalter zurück und winkte. »Ich muss dir etwas Wichtiges sagen. Wenn wieder einmal ein Bankräuber kommt und will Geld, dann gibst du es ihm. Aber unser Geld halte bitte zurück. Danke.«

Himmlischer Frieden

Ein Sommertag in den Bergen: Blauer Himmel, sattgrüne Weiden, weiße Berggipfel, dazu fernes leises Glockengebimmel von den Kühen. Das Herz kann einem so richtig aufgehen. Es ist schon etliche Jahre her, meine Kinder waren etwa zehn und zwölf Jahre alt, als die ganze Familie an so einem strahlenden Sommertag zu einer Berghütte bzw. Bergalm unterwegs war. Alle waren frohgemut und schritten zügig aus. Bald konnte man die Alm hoch oben am Berg sehen. Da wollten wir hin. Allmählich wurde der Weg schmaler und steiler und zog sich in die Länge. Die Jungen fingen an zu mosern, und Hunger und Durst hätten sie auch. Ich tröstete sie und versuchte sie zu beruhigen. In einer halben Stunde hätten wir es geschafft, und dann gäbe es zu essen und zu trinken satt, und wir würden uns auch gaaanz lange ausruhen. Die Stimmung wurde immer schlechter, doch dann standen wir plötzlich auf einer großen Wiese, und nur noch wenige Meter höher lag die Alm vor uns. Ein wunderschöner Anblick des schmucken Almhauses mit seinen Bänken und Tischen

davor. Und der Rundblick, den wir hatten, war atemberaubend.

Wir blieben stehen und sahen uns um. Ich erzählte meinen Kindern von dem Frieden auf den Bergen, und sie sollten ganz still sein, dann könnte man ihn fast hören.

Alles stand still und lauschte. Da flog mit einem Knall die Türe der Almhütte auf. Heraus flog mit Gepolter ein Koffer, dem ein schrecklich schimpfender Wirt folgte. Danach kam mit hochrotem Kopf eine Frau, die in schrillen Tönen den Wirt anschrie. Aus den bösen Worten konnten wir entnehmen, dass der Wirt gerade seine Köchin entlassen hatte, die immer noch keifend an uns vorbeilief.

Mein Mann und die Kinder schauten mich stumm an. Ich hatte ja gerade meine Friedensansprache beendet.

Der Fischreiher

Bekannte von uns haben einen wunderschönen
großen Schrebergarten. Mitten darin haben sie
einen Fischteich angelegt. Vom Gartenhaus aus
sieht man genau auf den Teich. Er ist der Stolz des
Gartenbesitzers und mit Zierfischen und Gold-
fischen gut bestückt.
Im heißen Sommer 2003 übernachteten er und
seine Frau öfters im Garten. Als er eines Morgens

die Fensterläden öffnete, fuhr ihm der Schreck in die Glieder. Ein Fischreiher stand am Teich und hielt sein Morgenfrühstück. Fisch um Fisch wurde herausgeholt.

Unser Bekannter eilte zum Tatort und vertrieb den Bösewicht. Viele Fische konnte er nicht mehr retten, ein Teil lag auch noch auf dem Rasen. Wütend und traurig sann er auf Abhilfe.

Es hatte ihm jemand erzählt, dass es Fischreiher aus Plastik gäbe, und wenn man einen solchen am Teichrand aufstellen würde, käme kein anderer Reiher.

Folgerichtig stand am Abend ein Prachtexemplar von Plastikfischreiher am Teich und ein paar neue Fische schwammen auch schon wieder darin. Zufrieden genoss man die Abendstimmung. Am nächsten Morgen war die Frau zuerst auf und öffnete die Fensterläden. »Sag mal, hast du zwei Fischreiher gekauft?« fragte sie ihren Mann. Derweil frühstückte der richtige Fischreiher seelenruhig und ohne an dem Plastikkonkurrenten Anstoß zu nehmen den Teich leer.

Geheimnisvoller Paternoster

Mein Zahnarzt machte in seiner Jugend ein Praktikum in einer großen Firma, in der Paternoster die Menschen nach oben und unten beförderten. Er kam mit seinem Freund zufällig vorbei, als zwei Asiaten vor dem Paternoster standen und miteinander tuschelten. Die beiden jungen Leute bekamen mit, dass es wohl um die Frage ging, wie der Paternoster oben herum käme, um wieder abwärts zu fahren.

Sie fuhren nach oben, rumpelten ein wenig im Paternoster herum und machten auf der Fahrt nach unten einen Kopfstand.

Als sie an den beiden Asiaten vorbei fuhren, sahen sie nur noch deren erschreckte Gesichter, dann liefen die beiden schnurstracks zur Treppe.

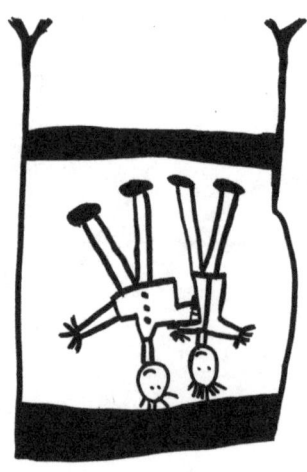

In Fürsorge eingebettet

Ich ging mit meinem Enkelkind in Freising spazieren und uns plagte der Hunger. Ich hatte Lust auf ein Tartar-Brötchen. Und für Sebastian sollte es wohl eine Bratwurst mit Brötchen sein. In einer schönen großen Metzgerei, die voller Leute stand, stellten wir uns an, und als ich an der Reihe war, sagte ich unsere Wünsche. Die Wurst war kein Problem, aber »Was möchten Sie?«

»Ein Tartar-Brötchen bitte.«
»Wieviel soll es denn sein?«, fragte die Verkäuferin.
»Was halt so draufgeht auf ein Brötchen.«

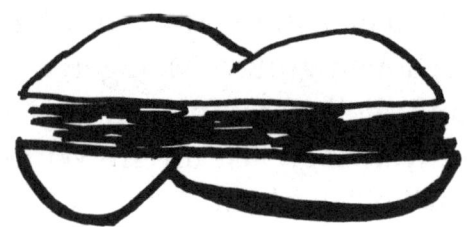

Die Verkäuferin schaute leicht irritiert und machte sich mit einem Stück Fleisch auf zum Fleischwolf. »Das ist jetzt ein Viertelpfund, reicht das?«, fragte sie, als sie zurückkam.
Ich sagte ihr, dass das viel zu viel sei für ein Brötchen, und sie eröffnete mir: »Bei uns gibt es keine Tartarbrötchen.«
Ich war jetzt etwas verwirrt. Da sagte die Kundin rechts neben mir: »Das ist auch gar nicht gesund.« Allgemeines beifälliges Gemurmel im Laden folgte.
»Können Sie nicht ein Brötchen für mich aufschneiden, das Tartarfleisch darauflegen und mit Salz, Pfeffer und Zwiebel würzen?«

»Nein, das geht nicht, da muss ein Ei dran, und das machen wir nicht.«

Mein Einwand, dass ich das zu Hause bekäme, ließ eine andere Kundin fragen:»Wo kommen Sie denn her?«

Stolz sagte ich:»Aus Frankfurt am Main.«

»Ach so.«»Na ja dann.«»Ja, da gibt es so etwas.«»Jetzt verstehe ich vieles.«»Ungesund ist es trotzdem.«

So und ähnlich klang es. Ich ließ mir mit dem Einverständnis aller ein Leberwurstbrötchen geben und verließ mit Sebastian eilig den Laden.

Auf Befehl

Ich war mit meinem Enkelkind in der Spielstunde und genoss das fröhliche Gewusel mit all den Kleinen. Die Muttis hatten Getränke dabei und alle frühstückten gemeinsam. Es wurde viel gesungen. Sebastian sang eifrig mit. Es waren auch zwei Lieder von Vögeln dabei, kleine und große kamen in dem Text vor. Nach der Spielstunde gingen wir heim, und ich blieb mit Sebastian noch vor dem Haus, um zu spielen.

Da schlich sich eine Katze an uns vorbei und kletterte auf den Baum. Die Vögel flatterten wie wild und schrien und zwitscherten ganz aufgeregt. Sebastian und ich waren uns einig, dass die Katze auf Vogeljagd war. »Omi, das kann sie doch nicht tun«, sagte mein Enkel.

Ich ging zum Baum und rief so laut ich konnte: »Komm sofort herunter, Katze!«

Und siehe da, die Katze sprang vom Baum und lief in großen Sätzen weg.

Mein Enkelsohn stand staunend dabei und strahlte mich an. Das tat gut.

Ein gemeiner Überfall

Unser jüngerer Sohn, damals etwa acht Jahre alt, liebte es, sich zum Abendbrot Schnittchen zu machen. Dann stand er in der Küche und schmierte sich Brote mit all den Sachen, die er gern aß. Dann wurde alles schön zurechtgeschnitten und garniert mit Gürkchen, Ei, Senf, Ketchup und auch Zucker. Wenn man die fertige Platte sah, bekam man sofort Hunger.

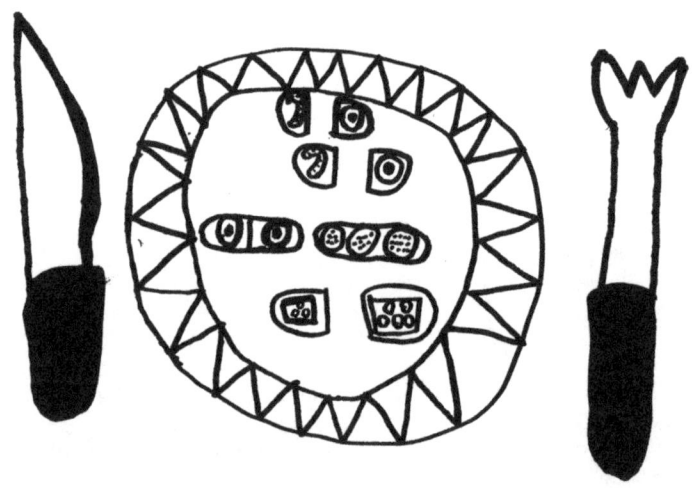

Seinem Bruder und seinem Vater erging es nicht anders. Sobald sie merkten, dass Matthias in der Küche zu werkeln begann, legten sie sich in der Diele auf die Lauer. Ich fand das immer ganz gemein, dass der Kleine nach all seiner Arbeit überfallen werden sollte, aber ich konnte es nie verhindern.

Und wenn er dann mit seiner Platte die Küche verließ, sprangen sie auf ihn zu und stahlen ihm kleine Häppchen. Es gab immer ein Riesengeschrei, und ich hatte alle Hände voll zu tun, um mein hungriges Kind in sein Zimmer zu geleiten.

»Macht euch doch selbst die Arbeit«, rief Matthias beim Schließen seiner Tür.

Ein tolles Geschenk

Im Jahre 1997 war ich in die USA zu Lesungen eingeladen. Es waren ereignisreiche und wunderschöne Tage. Ich erinnere mich sehr gerne an diese Zeit.

Auf dem Rückflug von Minneapolis saß im Flugzeug ein Amerikaner mittleren Alters neben mir. Wir kamen ins Gespräch, und er erzählte mir, dass er seekrank und luftkrank würde. Ich hätte damit keine Probleme, aber meinem Mann ginge es ähnlich wie ihm. Er suchte in seiner Jackentasche und holte ein weißes Band heraus, das in der Mitte eine Erhöhung wie eine Perle hatte. Das Band legte er um sein Handgelenk, die Perle drückte ungefähr auf den Puls. Das Band sollte ihn vor Luft- und Seekrankheit schützen.

Der Flug verlief auch ohne Komplikationen. In Detroit musste ich umsteigen, und der freundliche Herr riet mir, vor meinem Weiterflug in der Flughafenapotheke oder -drogerie so ein Band zu kaufen. Wir wünschten uns alles Gute und gingen auseinander.

Ich suchte nach besagten Geschäften, aber wurde nicht fündig. Und da mein Flieger schon bald abheben sollte, gab ich die Suche auf und machte mich auf den Weg zum Flugsteig. Auf der Rolltreppe tippte mich jemand von hinten an, es war mein Amerikaner aus dem Flugzeug. Er hätte mich gesehen und beobachtet, dass ich das Band nicht bekommen hätte. Ich möge bitte sein Band nehmen, und nochmals alles Gute und guten Flug. Bevor ich noch groß etwas sagen konnte, war er schon verschwunden. Ich war ganz gerührt.

Das Band funktioniert! Und vor kurzem habe ich erfahren, dass so ein Band etwa 200 Dollar kostet.

Glück und Menschenfreundlichkeit

Einem lieben Bekannten, Besitzer eines Cafés, wurde ebendort die Brieftasche aus seinem Sakko gestohlen. Der Verlust war schwerwiegend, denn neben reichlich Bargeld befanden sich auch alle wichtigen Unterlagen wie Führerschein, Behindertenausweis und Karten darin. Der alte Herr hatte die Angewohnheit, viel Bargeld mit sich herumzutragen.

Die Polizei wurde verständigt, und die Aufregung über den Verlust und das Jammern über die Unvorsichtigkeit waren groß.

Am nächsten Morgen, man hatte den Schrecken noch nicht verdaut, kamen die Straßenkehrer wie gewohnt, ihren morgendlichen Kaffee zu trinken, bevor sie weiter die Straßen in der Gegend fegten. Plötzlich sagte einer: »Habe auch Opa G. im Rinnstein gesehen.«

»Wie bitte?« »Ja, Bild von ihm liegt oben auf der Straße.«

Jetzt bekamen die Straßenreiniger alles erzählt, und sie eilten daraufhin sofort zum Fundort und schütteten alles aus, was sie bisher zusammengefegt hatten. Man glaubt es kaum, in all den Blättern und dem Schmutz lag auch die Brieftasche, und auch der Inhalt war noch weitgehend vorhanden. Nur ein großer Geldbetrag fehlte, aber einen Teil hatte der Dieb in der Seitentasche übersehen. Bei der raschen Entnahme des Geldes war wohl die Bahncard heraus gefallen. Das Bild darauf hatten die Straßenkehrer erkannt.

Sie bekamen von dem überglücklichen alten Herrn eine großzügige Belohnung. Daraufhin haben ihn die glücklichen Finder mitsamt Familie nach Sizilien eingeladen.

Von Hannelore Hau ebenfalls lieferbar:

Soweit ich mich erinnern kann

Geschichten von gestern und heute
3. Auflage 2015. 174 Seiten
Hardcover € 9,80 (D). ISBN 978-3-86455-043-0

Fröhliche Geschichten aus lang vergangenen Zeiten, kleine Begebenheiten, die eigene Erinnerungen im Leser wecken und jedem ein versonnenes Lächeln ins Gesicht zaubern.

Das Wörtchen »damals«, es öffnet die Tür in die Schatzkammer unseres Lebens. Wie viele Begegnungen, wie viele Erlebnisse machen unser Dasein reich und bunt. Hannelore Hau hat die Gabe, sie wieder wachzurufen und wie kleine Kostbarkeiten in ihre Erzählungen zu verpacken.

Ein wunderbares Geschenk – an sich selbst und für liebe Menschen.

www.rgfischer-verlag.de

Von Hannelore Hau ebenfalls lieferbar:

Der Hans, der kann's
– oder doch nicht?

Mit Illustrationen von Sarah Hau
2015. 64 Seiten mit s/w-Abb.
Hardcover € 9,80 (D). ISBN 978-3-86455-029-4

Der Ameisenmann Hans erlebt so manches Abenteuer.
Immer hilfreich an seiner Seite steht seine geliebte Frau
Jette. Sie sieht auch großzügig über seine kleinen Eitel-
keiten hinweg, die ihn manchmal in ganz schöne Schwie-
rigkeiten bringen.
Eine hinreißende Lektüre für kleine und große Leser, liebe-
voll illustriert mit Zeichnungen, die bunt ausgemalt werden können, wenn man sein eigenes Bilderbuch haben
möchte.

www.rgfischer-verlag.de

Von Hannelore Hau ebenfalls lieferbar:

Brummelia und Jumbi
Die Geschichte einer ungewöhnlichen Freundschaft
2. Auflage 1996. 64 Seiten.
Pb. € 8,80 (D). ISBN 978-3-89501-345-4

Ich erinnere mich wieder
Erzählungen
1999. 152 Seiten mit Zeichnungen von Uwe Peters.
Pb. € 10,50 (D). ISBN 978-3-89501-838-1

Nelly, die neugierige Kaffeebohne
Erlebnisse und Abenteuer einer reiselustigen Kaffeebohne
2. Auflage 1999. 64 Seiten.
Pb. € 8,00 (D). ISBN 978-3-89406-811-0

Die Erinnerung trägt mich weiter
Geschichten zum Schmunzeln und Nachdenken
2. Auflage 1999. 144 Seiten.
Pb. € 11,50 (D). ISBN 978-3-89501-235-8

Die Wombats
Eine australische Tierfamilie auf Reisen
3., überarb. Auflage 2001. 64 Seiten mit 8 s/w-Abbildungen
von Eva-Maria Schmitt und Vanessa Eichhorn.
Pb. € 8,80 (D). ISBN 978-3-8301-0189-5

Rakotto. Ein Schaf wird berühmt
2001. 56 Seiten mit zahlreichen s/w-Zeichnungen
von Christian Schmitt und Ann-Sophie Schmitt.
Pb. € 8,80 (D). ISBN 978-3-8301-0132-1

www.rgfischer-verlag.de

Von Hannelore Hau ebenfalls lieferbar:

Wie der Februar zu seinen 28 Tagen kam
2. Auflage 2005. 80 Seiten mit zahlreichen farbigen Abb.
Pb. € 12,80 (D). ISBN 978-3-89501-016-3

Platypus, das Schnabeltier
Eine Geschichte aus Australien
2. Auflage 2007. 64 Seiten mit zahlreichen s/w-
Abbildungen.
Pb. € 8,80 (D). ISBN 978-3-8301-1029-3

Hilda und Inchy
Vom Huhn Fahrplan und andere Geschichten
2. Auflage 2007. 72 Seiten mit zahlreichen Zeichnungen.
Pb. € 9,80 (D). ISBN 978-3-8301-1161-0

Was für ein Tag
Mit Illustrationen von Juana Schwabe.
2011. 40 Seiten mit s/w-Abbildungen.
Hardcover € 9,80 (D). ISBN 978-3-89950-990-8

Wasserkochen leicht gemacht …?
Erzählungen
2. Auflage 2015. 144 Seiten.
Pb. € 12,80 (D). ISBN 978-3-86455-855-9

www.rgfischer-verlag.de